미수의 넋두리

지성・감성의 메타언어
조선문학시인선・396

미수의 넋두리

전 경 우 시선집

조선문학사

■ 책머리에

2012년 2월 『조선문학』 신인작품 모집에서 시가 당선되어 등단상패를 받고 새로운 인생을 찾은 듯 기뻐했더니 장남이 시집 내기를 권유하기에 망설이다가 죽마고우 정 사장의 주선으로 시인이자 문학평론가인 박진환 박사의 감수와 평설로 80여 편의 시를 묶어 『꽃등 켜는 고목』 이란 시집을 발행한 바 있다.

그 후 박 박사님의 격려로 『조선문학』 에 신작시 특집과 10여 편의 풍시조를 발표하였다.

근자 딸아이가 나중에 아버지 그리워질 때 읽도록 자서전을 쓰라고 강요하기에 구상해 봤더니 나의 인생은 자유당 때 서울시 과장으로 시작, 민주당, 공화당에 이르기까지 40여 년 동안 공직생활의 수난사가 이야깃거리인데 실감 나게 하려면 소설같이 써야 하고 타계한 인명(人名)도 거론하여야 하기에 고민 끝에 어린 시절 엄마 따라 뽕밭에서 오디 따먹던 것을 시작으로 학창시절과 사회생활에서 겪고 보고 듣고 느낀 것들을 소재로 시법 흉내내어서 자전적 시집을 남기기로 하고 박진환 박사의 감수 평설로 『미수의 넋두리』를 묶는다. 자식들이 이 글에서 남긴 나의 인생관을 이해하고 저희들의 삶에 도움이 되었으면 좋겠다.

그동안 진심으로 도와주신 김화자 시인과 지도편달 해주신 박 박사님께 경의를 표하는 동시에 출판을 맡아주신 조선문학사에 감사드린다.

앞으로 기력이 있는 한 조선문학문인회 회원으로서의 자부심과 긍지를 갖고 풍시조를 써봤으면 하는 욕심이다.

앞에는 청계산, 뒤에는 영장산 두 산 허리를 감고 지형 따라 흘러가는 탄천가 고층아파트 서재에서 자연의 섭리에 감복하고 새봄이 찾아오기를 기다리면서….

2014. 初夏

전경우

미수의 넋두리 차례

책머리에 / 5

제1부
미수의 넋두리

청운의 꿈 / 13
고향생각 / 14
미수의 넋두리 · 1 / 16
미수의 넋두리 · 2 / 17
미수의 넋두리 · 3 / 18
미수의 넋두리 · 4 / 20
아버님 묘소 / 21
어머니 / 22
어버이날 / 23
며느리 전화 / 24
손(孫) / 25
손자 / 26
아가야 울지마라 / 27
입학식 / 28
야옹정에서 / 30
고석바위에 앉아서 / 32
구산서당 / 34
고습도치 주제에 / 35

제2부
삶의 칠복

삶의 칠복 · 1 / 39
삶의 칠복 · 2 / 40
삶의 칠복 · 3 / 42
삶의 칠복 · 4 / 43
삶의 칠복 · 5 / 44
삶의 칠복 · 6 / 46
삶의 칠복 · 7 / 48
행복 / 49
기도(祈禱) / 50
청춘타령 / 51
인생살이 / 52
가면 · 1 / 53
가면 · 2 / 54
운명 / 55
외화내빈(外華內貧) / 56
사람답게 살자 / 57
대인과 소인 / 58
옛분들의 돈 이야기 / 59
돈 · 1 / 60
돈 · 2 / 62
위풍당당 / 63
현대인의 병 / 64
욕심 / 65
시류 / 66
술 / 67
담배가게 / 68
주말 / 69
토종 / 70

아파트 마을 / 71
탄천 산책 / 72
남한산성 / 74
애처로운 선풍기 / 75
태풍 / 76
한택 꽃공원 / 77
로카마을 십자가 / 78
거미왕국 / 79
수중궁궐 / 80
목련 / 81
동백꽃 / 82
추모사 / 84
애도사 / 85
하회탈 / 86
통일 염원 / 88
통일의 메아리 / 90
호숫가에서 / 91

제3부
제주도 시편

제주도 · 1 / 95
제주도 · 2 / 96
제주도 · 3 / 97
제주도 · 4 / 98
제주도 · 5 / 99
제주도 · 6 / 100
제주도 · 7 / 101
제주도 · 8 / 102
해녀(海女) / 104

국정개혁 / 105
젊은 날의 초상 / 106

제4부
풍시조편

50년대 정치판 / 111
60년대 정치판 / 112
70년대 정치판 / 113
80년대 정치판 / 114
한단지몽을 / 115
했던가 / 116
덕 중히 여겨야 하는 것을 / 117
손금 · 1 / 118
손금 · 2 / 119
골동품 여인상 · 1 / 120
골동품 여인상 · 2 / 121
어느 여의 금배지 / 122
사람답게 살자 · 1 / 123
사람답게 살자 · 2 / 124
숫자의 요술 · 1 / 125
숫자의 요술 · 2 / 126

제5부
시집 평설

넋두리와 언술의 시적 진실 · 박진환 / 129

제1부

미수의 넋두리

청운의 꿈

사각모 눌러쓰고 대지에 홀로 서서
꿈찾아 헤매인다

가도 가도 수평선은 저 멀리
하늘바라기로 소리쳐도
말이 없는 일월
지친 몸 주저앉아 생각커니
진리란 높은 곳에 있지 않고
삶 속에 있는 것임을 깨달았다

소 잃고 외양간 고친다
안 땐 굴뚝에 연기 나랴
못 오를 나무는 쳐다보지 말라
될 나무는 떡잎부터 안다

이 평범함이 곧
진리였던 것을

고향생각

백 년 전 내 고향은 호랑이 다니던 곳
그 범에 놀라 선조조 타개 하신 곳
지금은 백년세월 세월 밖으로 밀어내며
급행열차가 잠시 쉬었다가는
간이역이 있는 곳
버스는 시간마다
택시는 시도 때도 없이 거리를 누비고 다니는
작은 소읍
7월이면 맑은 물에만 사는 은어 축제
9월이면 송향(松香) 그윽한 송이 축제
잘난 송이는 돈벌이로 서울·일본으로 보내지고
못난 송이는 찢어 약초 먹여 키운 한우고기에 넣어
볶아놓고
대추술 주고받으며 권커니 잣거니
추억을 씹어 되새김질 하는 정다운 곳
늦가을 들어 실하게 익어 단맛든 대추 딸 무렵이면
군침 다시며 기웃대는 과객에게
한 줌 맛보라 건네주는 인심 좋은 곳

영남의 명산 청량산이 있고
산에는 천년 고찰 있어
절방 요람삼아 수많은 선비 배출했고
소주자(小朱子)라 불리던 이황 퇴계선생이 공부하
시던 곳
지금은 관광지로 둔갑하여
자동차 소음이며 먹거리 가게가 즐비하게 들어선 곳
주민들 삶에는 보탬이 되겠지만
수려한 산수며 송향 그윽한 옛 모습 찾을 길 없으니
아서라
변하고 또 변하는 세태에 몸 섞어 사는 것을
오직 변치 않는 그리움 벗해 삶이
행복인 것을

미수의 넋두리 · 1

– 초당시절

엄마 따라
뽕밭에서
오디 따먹고

뒷산 기슭에서
산딸기 따먹다가
뱀에 놀라 줄행랑

앞산 깊은 곳에서
꿩알 주워다
삶아먹고

제수용 대추나무
장대로 때려
대추 따먹다가 장대 매맞고

늙으면 어린애가 된다더니
미수의 넋두리가
이러하구나

미수의 넋두리 · 2

– 중학시절 여름방학

하숙집 콩비지 밥 먹고
석탄 실은 곱배차 타고
고양이 얼굴로 고향 찾아

부모님께 절하기가 바쁘게
보리밥 찬물에 말아
한 그릇 꿀꺽 넘기고

석양이면 친구 불러내
돌무지에 군불 넣어
고구마 구워먹고

산기슭 보리서리 하다가
산 간수 호통에 쫓겨
입도 못대보고 줄행랑치던
낡은 필름 돌리며 추억하는
미수의 넋두리

미수의 넋두리 · 3

– 대학의 여름방학

소음 요란하고
공기 혼탁한
도심 떠나
산천초목이 반기는
고향집 찾아
환영인지 투정인지 악악대는
매미울음 베고 누워
부채질로 파한하는 여름방학

산골짝엔 흐르는 산계음
반김인지 경계인지
이리 날고 저리 날며 지저귀는 새소리에 취해
잠들었던 오수
눈 떠보니 옥수수와 물 한 사발 갖다놓고 가신
지금은 가신 어머니

석양이면 아빠된 친구 불러
송향 그득한 당나무 밑에서
동동주 권커니 받거니 청춘가 부르면서
가슴 깊이 품었던 농촌 부흥의 야망 토했던
지금은 가버린 날의 추억

미수의 넋두리 · 4

– 청춘을 돌려다오

1

대구시내 중고등부
정구대회에서
우승하고

뒤따르는 전교생 선두에 서서
우승기 휘날리며
시가행진했던 용맹한 청춘
그립다

2

옛날 서울대학교 잔디밭에서
책가방 베고 누워 푸른 하늘 쳐다보며
꿈꾸었던 포부
이제는 백발 되어 쓸모없으니
꿈에서나마 옹알이로 굴려보는
청춘을 돌려다오

지금은 넋두리가 되어버린
미수

아버님 묘소

음력 윤달이면
택일 없이 선친의 묘를 보수하는 날
앞산의 큰 솔은 독이 찬 듯 청청(靑靑)하고
날씨는 구름 없이 청청(晴晴) 일하기 좋은 날
지팡이에 기대며 가까스로 언덕을 올라
묘 앞에 무릎 꿇어 임종 못한 죄 빌어 보지만
묵묵부답
맺힌 눈 들어 하늘을 올려다보니
비석만 우뚝 서 있고
한 세상 문장명필로 살다 가신 혼
잠들어 계시는데
서투른 마음의 붓끝 놀려
불효를 담아 본다

어머니

종부
며느리
아내
어머니로 사시다 가신
어머니

물려주신
천석꾼 유산보다
상속받은 만석꾼
불효로 불러보는
어머니

어버이날

"아버님 뵙지 못하고 통장에 용돈 넣었습니다
어머님하고 정겹게 나눠 쓰십시오"
낭랑한 딸아이 목소리가
여운으로 맴돌며 행복하면서 콧등이 시리다
고슴도치, 고슴도치, 제 살 깎아먹는
"나는 고슴도치다, 나는 고슴도치다"라고
외침으로 팔순을 이긴다
딸아 고맙데이

며느리의 전화

"여보세요 아버님"
"응 내다 고슴도치다 고슴도치"
"예, 예 고슴도치가 뭡니까 아버님"
"전화로는 말 못하고 나중에 만나서 설명하마"
"돈도 없으실 텐데 애들에게 맛난거 사주시고,
용돈 주시고 돈이 어디서 나셨습니꺼어?"
"만나믄 알 동작 있데이"
손이 할애비자랑을 며늘아기에게 늘어논 모양인 듯 싶다
용돈 GIRO로 보냈다는 며늘아기 전화
화려했던 젊음도 늙어지면 힘없이
자식살을 깎아먹는 고슴도치일뿐
힘 없어도 효도하는 용돈으로 손자들에게
회향할 수 있으니 이보다 값진 행복 어디 있겠노
자식들아 고맙데이

손(孫)

손녀는 숙녀로 예쁘게 자라 시집갈 나이이고
손자는 늠름하게 잘생긴 대학생
어디를 가든
두 오누이에 대한 칭찬이 자자
손녀 시집가면 서운함을 어쩌나
손부 잘 맞아들이면 위안이 되어 줄까
할아버지 이런 정
저것들이 알아나 줄 것인지

손자

로스쿨에 입학한
친손자가 말했다
"할아버지 오래 사십시오"

박사 사위의 딸 외손녀가
첫 월급 탔다고 내미는
용돈과 Y셔츠 선물에 감동하며

'인생' 무거운 명사지만
청렴하게 살면 자자손손
건강함이 넘친다는
가벼움의 이치를 깨달았다

아가야 울지마라

아내는 두 달된 딸아이 등에 업고
나는 보따리 짊어지고
서울 등지고 산속 길로 숨어가던
6·25 피난길

젖 못먹은 딸아이
칭얼대며 배고파 운다

아가야 울지마라
네가 울면
아픈 가슴 찢어지고
울음소리 퍼져나면
날아온 총알 맞아 끝장이다

살아서 가다보면
어딘가 고향길 나설거고
나선 고향길 찾아가면
맞아줄 거야

울지말거라 아가야
아가야 울지말거라

입학식

우월감,
아무 때나 느껴본
감회는 아니다

입학한 학생들
개인 감정도
들떠 있을 거라 생각된다

활기찬 초록잎 속에
낙엽이 서서 앳된 얼굴에
학사모 썼던 내 입학식을 떠올린다

내 생에 최고의 날이라 해도 좋은
로스쿨 입학식
내 손자가 당당히 입학을 하다니
고맙다

시종일관으로
학교를 졸업하여
사회에 공헌하라는 부탁에 힘이 실렸다

기억에 남을
행복이 만발한
노용의 하루였다

야옹정에서

500년 동안
문중 지켜온 문화재(文化財)

"야옹공" 진사급제 하였지만
벼슬 마다하고 산중 길지에
마을 터 닦고 지은 정자
도학자 모여 담론(談論)하신 곳

벽에 걸린 퇴계 선생의 시제(詩題)와
친필 편액으로 건
야옹 은사(隱士) 돋보인다

아담한 뒤편 사당이 옆에 한
종택(宗宅) 웅장하고
앞 천방 키 큰 은행나무 그늘가로
만개한 벚꽃 경치도 일품

봄이면 담에 걸린 줄장미 곱게 피고
여름이면 연산홍 무궁화꽃 다투어 피는 뜨락
가을이면 문전옥답 풍요로운 누런 벼
겨울이면 연못 언덕 노송 청청함이 빼어난 야옹정

이런 풍경 일컬어 옛분들
화조월석(花朝月夕)이라 하였던가

고석바위에 앉아서

천년을 비바람 견뎌온
거북 형상을 한
고석바위

바위둘레를 깜싸 흐른 찬물로
심신 닦던
옛 선비들 멱 감던 곳

서늘기 도는 석양 앞에 하고
거북등에 둘러앉아 모주잔 주고받으며
시절 이야기 주고받다
취기로 잔 넘치면
단종 그려 의리 지킨
성삼문 시와
패기만만한 남이장군 시
힘차게 읊던
고석바위

청운의 꿈 희망으로 새겨 품었던
젊은 날의 추억
고향 고석바위

구산서당

거북등
고석바위 등에 하고
언덕 높이 닦아 세운 학당
구산서당

뒤에는
장엄한 천년바위
앞에는 솔내 풍기는
우거진 노송

많은 선비 길러내
문중과 가문 빛냈던
지금은
잠자는 흔적 위에

신풍 따라 유학 떠난
야옹공 후손들이 세운 세적비만
우뚝 서 있네

고슴도치 주제에

믿음직스런 내 고슴도치들이
부모 섬긴다고 용돈을 보내왔다
미안한 마음에 선뜻 찾지 못하고 있는데
아내의 용돈타령이 비위를 거슬린다

어슬렁거리며 인출해온 돈 다발을
방바닥에 획 뿌리며
"고슴도치 주제에" 한마디를 던졌다

지폐 속 세종대왕님의 무덤덤한 표정이
근엄하게 주름을 펴시며
"어흠, 평생을 뒷바라지 해준 면상에
주름을 깊게 하다니" 일갈이시다

나랏님 말씀을 귀동냥했는지
아내도
주섬주섬 간추린 돈다발에서
절반을 뚝 떼어 건네준다

제2부

삶의 칠복

삶의 칠복 · 1

– 처

그때까지만 해도 대가 집안 규수
처로 맞이하면 반혼이라고
칭송이 자자했다

신식과 구식이 어우러져
알콩달콩 체온 나누며 사는 것이
선친들에게 효도하는 것으로 알고 살았다

아내가 지켜준 내당은 늘 온기로 가득차 있었고
해마다 돌아오는 기제사에 시부모님 모시고
종부로 효심을 다해 일생을 살아온 이름
아내였다

마디마디에 오이 달리듯 달려
자식들 재롱으로 웃음꽃 피운 것도
이마의 주름 펴주는 아내의 덕이었다

삶의 칠복·2

– 건강

무병장수라 했던가
이마로 열고 가슴으로 걷는
성하게 내딛는 행보
어찌 천복이라 않겠는가

살아가는 데는
험준한 산맥과
헝클어진 인맥
소통불가의 불통 앞에 하고도
스스로를 끌고 가는 건강 지녔다면
어찌 행복이라 하지 않겠는가

전후좌우 살펴 완급을 조절하며
느긋한 성품과 참는 습관 앞세워
한 고개 또 한 고개 넘는다면
이 또한 복에 값하지 않겠는가

낮은 자세로 살면서
높은 곳 우러를 줄도 알고
우러러 낮은 것 벗할 줄 안다면
이 또한 행복인 것을

건강을 잃으면 모든 것을 잃으니까

삶의 칠복·3

– 재물

사람이 돈을 잡으려 하면
돈은 한사코 달아나고
돈이 사람을 쫓아와야
부자가 된다는 옛분들 말씀

월급쟁이 봉투로는
자식 월사금과 생활비도 빠듯했던
저축이 어려웠던
시절

선친께서 물려주신
선산과 작은 농토 없애지 않고
유산으로 잘 관리하고 지킴도
효도가 아니던가

재물 중의 재물
자식들은 그중에서도 재산 1호인
보옥

삶의 칠복·4

– 자식

장마에 오이 크듯
잘 자라준 육남매
제 몫을 다하여
둥지 틀고 울타리 치니
지켜보는 행복이 쏠쏠하다

때때마다
따뜻한 정성을 모아
일손 없는 노옹 손에 쥐어줄 때면
뭉클하게 무게 하는 가슴 만감이 교차하고
내 살 내가 깎아먹는 듯
저려오는 아픔도 없지 않았지

손자놈도 잘 자라
로스쿨에 입학해 미래를 지켜보게 하니
효도 중 효도가 아니던가

가가대소가
경망스럽지 않는 까닭이
이러하거니

삶의 칠복·5

– 직업

젊은 체력을 달구어
주어진 직에 투혼했을 때
승승장구로 돌아오는 대가

계장을 하면 과장을
과장은 차장을
차관은 장관을 꿈꾸어 봄이 희망의 탑 쌓기였다

그 희망이 나래를 펴지 못했을 때
날아가 버리고는 돌아오지 않는
백조보다
날려 보내지 못한 백조에의 꿈이 더 아팠고

모든 꿈 다 이루어 펼쳤다면
이 나이까지 건재할 수 있었을까
새로운 또 하나의 삶을 살아가는
시인이란 타이틀

살만했던
인생살이었다고
크게 한 번 웃어본다

삶의 칠복 · 6

– 일거리

노옹이 되면
발전 없는 젊은 시절만 곱씹으며
가버린 날의 행복을 묵상한다

노인들에게 일거리란
친구를 만나거나 주머니 털어내는
월부장사에 꼬득임을 당하는 일

다행히 낙서하기 좋아하는 탓에
찾아온 한 줄 시 쓰기를 손을 맞듯
요즘 내 일거리가 되었다

"무릉도원"보다
아늑하고 활기찬 스스로를 즐기며 쓰는
한 줄 시 쓰기

돈 버는 일은 아니지만
돈 쓰며 즐기는 행복도
쏠쏠하거니

치매예방으로 으뜸인
일거리
한 줄 시 쓰기

삶의 칠복·7

– 벗

물건은 새것이 좋고
사람은 옛벗이 좋다고 했던 옛분들 말씀
찬물에 멱감던 옛벗들이 떠오르니 허사가 아닌갑다

숟가락이 몇 개인지 알고 있는
물장구치며 놀던
버들치 잡아와 호박잎에 싸서 구워먹던 친구들
이 빠지듯 하나 둘 먼저 먼 곳으로 가고

종친 화수회 몇몇 남은 주름진 대학 동창생
주름 펴며 만남도 즐거운 낙의 하나

물같이 흘러간 세월 뒤로 흘려보내며
열심히 앞만 보고 살았지만
별것 아닌 것이 별것으로 가슴하게 하고

늙고 보니 종이호랑이
모든 것 내려놓고 가벼운 발걸음 내딛으며
먼저 간 벗들이 갔을듯한 길에
발자국이 찍힌다

행복

행복은 선이다
선은 점의 연속이다
하루하루 잘지내면
365일 행운
해마다 잘지내면
영원한 행복이 아닌가

기도(祈禱)

아침이면
단정한 모습으로
“천수경” 모셔 놓고

향, 화촉 피우고
낭랑한 목소리
독경으로 기도하는 아내

알고보니
남편 수명 장수와
자녀의 행운

염원담아
묵묵한 기도덕에
가족은
건강한 세월 낚아 웃네

청춘타령

산천은 푸르러 청춘인데
마음은 지는 낙엽
늦가을이네

초겨울
가로수길 은행잎 밟고 걷노라니
불현듯 나타나는
호숫가의 소녀
추억을 곱씹으며
청춘을 찾았네

늙고 젊음은
마음 먹기에 달린 것
늙은이 청춘타령은 노망일까
회춘일까

병들어 자식 괴롭히지 말고
계절 좋을 때 말없이
무덤으로 가는 것이 행복이니라

인생살이

잘난 사람 못난 사람
어우러 사는 것이 세상살이
허나 옳고 그른 것쯤
알고 살아야지

대인은
좋은 지혜 좋은 곳에 쓰고
소인은 좋은 지혜
나쁜 곳에 쓴다 했던가

덕성 없는 소인처럼
꾀부려 무덤 파지 말고
유비군자(有匪斐君子) 덕목삼아
대인으로 살아야지

가면 · 1

늙으니 죽고 싶다
노처녀 시집 안 간다를
입에 침도 안 바른 새빨간 거짓말이라 하던가

없으면서 있는 척하는 허세
있으면서 없는 척하는 구두쇠
모르면서 안다고 속여
사기 치는 브로커
되는 일도 안 되게 유혹하여
돈 먹는 탐관오리
국리민복 허울 쓰고
밥그릇 챙기는 정치꾼이 지배하는 세상에

냉수 한 사발에
간장 한 방울 떨어뜨려 시장기 면하고
식사한양 이빨 쑤시는
가난한 선비로 살면 체병 면한
참 삶 아닐까

가면 · 2

망할
바쁘구나
허
용감하다
멱살 잡고 치고받는
금배지들
세비만 빼어 먹는 도로보

※ 도로보 : 도둑놈이란 왜말.

운명

사주풀이에
재상 운인데
다 찾아 살면 자손이 감복된단다

자손이 잘 돼야
반천년 가통이 이어지는 것

내 살아온 삶
은메달 감으로도 외치고 싶은
만만세

남이사
이 말 믿든 안 믿든
내가 알고 내자가 아는 참말 아니던가

외화내빈(外華內貧)

겉모양 화려하나
속은 빈 깡통

IMF 때의 나라꼴이 그러했고
빚내어 걸친 양털 코트나
다이아반지 좋아하다 거덜난
꼭지 덜 떨어진 여인네들 허영이
그러하지 않았던가

가난할수록 기와집 짓는다 했던가
옛분들 귀히 여기며 썼던
우리 속담 허사 아니었던 것을

사람답게 살자

사람답게 사는 것은
도리를 다하는 것

도(道)는 도덕성을 가지고
정도(正道)와 대도(大道)를 걷는 것

이(理)는 이성을 가지고
이치에 맞게 사는 것

음지에서 정도 대도 외면하고 살다간
쇠고랑 차기 일쑤

흥망성쇠란
능력에 따라 좌우되는 것
개인이건 기업이건
도리와 이치는 매한가지

대인과 소인

같은 지능·재능 소유했으나
소인은 덕성 외면 나쁜 곳으로 머리 쓰고
대인은 덕성 좇아 좋은 곳으로 머리를 쓴다
하여
대인끼리 어울림은 맑은 물과 같고
소인끼리 어울림은 꿀물과 같다

이해관계로 얽힌
달면 삼키고 쓰면 뱉는
대소인 관계

나라일도 같은 이치
대인이 짊어지면 부흥하고
소인이 짊어지면 못 면하는 간신배

하여
대인과 소인의 구분은
덕성이 있느냐 없느냐의 유무
대인군자와
오합지졸은 이를 두고 이름이었거니

옛분들의 돈 이야기

1
돈은 벌기보다 지키기 어렵단다
선대 일으킨 기업 못 지켜 부도내면 거지꼴
돈은 지키기보다 쓰기가 어렵단다
선대 일으킨 기업자금 낭비하면 패가망신

2
공자 왈 선비는 돈을 돌보듯 하라고 훈계
"갑"은 한국은 유교문화로 못살게 되었다고 주장
"을"은 임진왜란 때 부자는 몸 사려 강 건너 불구경
선비는 죽장 짚고 의병 일으켜 국토방위
나라 없는 백성 잘사는 것 봤나
정신문화와 물질문명 조화가 해답

돈 · 1

부모형제도
사돈네 팔촌도 돈돈돈
돈타령

돈 없이는 못사는
돈이 판치는 세상

돈이 신앙이고 종교인
돈이 하느님인 세상

돈보다 귀한 예의범절 존중하는
선비정신은 옛말
지금은 돈이 있어야 행세하는
동방의 나라 아닌
서양의 나라

옛분들
황금보기를 돌같이 하라는 말씀도
허사

군주중의 군주가 돈인 세상
옛분들 말씀이
허사 같아서

허사면 어떻나
돈보다 귀한 것이 정신
정신 차리고 사는 삶이
돈보다 귀한 삶인 것을

돈 · 2

– 옛분의 돈 이야기

돈을 많이 벌면
지키기 어렵고
지키기보다
쓰기가 더 어렵단다

돈은 번뇌
비애의 근원이라던데
돈 없는 가난보다야
돈 부자의 비애가
더 인간답지 않을까

옛분들 돈을 일컬어
전가통신(錢可通神)이라 안했던가
삶이 곧 돈이고
돈이 곧 삶인 것을

허나 그 삶 넘어설 줄 알아야
돈보다 귀한 삶인 것을

위풍당당

하늘 우러러 부끄럼이 없고
뇌성벽력 요란해도 두려움이 없고
총칼이 난무해도
눈썹하나 까딱하지 않는
진실과 정의 벗하고 살면
위풍당당 삶다운 삶 아니겠는가

현대인의 병

니체의 진단을 빌면
현대인은 두 가지 질병이 있단다

하나는
자기 자신을 잃어버린 것
다른 하나는
자기 자신을 잃어버리고 깨닫지 못하는 것

그렇다
잃어버린 자아를 찾지 못하고서
목단어자견(目短於自見)
어찌 스스로를 안다고 하겠는가

욕심

선인들의 말을 빌면
인간은
삼대 욕망을 갖고 산단다

식욕 · 성욕 · 명예욕
식욕은 생명유지욕이고
성욕은 종족유지욕이고
명예욕은 부귀영화를 누리고 싶은 욕망

하느님은 나를 보고 참으라 하시고
부처님은 나를 보고 베풀라 하시고
공자님은 나를 보고 분수 지키라 하신다

인내와 보시와 분수
성현들의 말씀이니
어찌 다 실천하고 살 수 있겠는가마는
흉내라도 내고 살면
그 또한 행복이 아닐지

시류

꼿꼿한 나무는
부러지기 십상

바람 따라 오가는
능청능청한
수양버들은 꺾임이 없는 법

인생이라고 다르랴
시류 따라 흔들리기도 하고
능청거리기도 하며
사는 것을

이러한 삶의 이치
이제서야 깨우치며
웃는 백발

백발 밑 이마가
시류의 길을 가로지른다

술

애주가 왈
음식 중 으뜸가는 음식이 술이란다
그뿐인가
인간관계를 존속시키는 약물이 술이라 하고
적대관계를 화해시키는 꿀물이 술이라고도 한다

헌데
술 못하는 사람에겐 마시면 죽는 독약
사양하면 좀생이
거절하면 짠돌이

아무려면 어떻나
두주불사보다야
한두잔 즐기는 술이
인생 건강인 것을

담배가게

언제나 반겨주는 아름다운
담뱃불까지 챙겨주던 착한 여인

뒤늦게 나타난
날씬하게 잘 생긴 공인중개사 중년신사 만나

이리 봐도 저리 봐도 천생 배필
하느님 은총 입어 행복하게 살고 있다

주말

오늘은 어느 자식 오려나
기다려지는 마음
정오가 지나도록 소식이 없으면
허전함이 시장기에 겹치네
밥상 마주하고 앉은 두 늙은이
저희도 삶에 쫓겨 바쁘단 걸 알면서도
전화는 두었다가 어디 써먹으려고
폼으로 달았냐
괘씸한 생각 꿀꺽
밥숟갈로 넘긴다

토종

감자
쇠고기
우리 것 맛이 제격인데
등치만 큰 것들 맛인란
노랑내가 날 뿐
우리 토종이 최고
달리 신토불이던가

아파트 마을

오다가다 승강기에서 만난 이웃
서로 모른 척 하기가 예사다

인사한다고
세금 더 내는 것도 아니고
인사 안한다고
상금 줄 것도 아니지만
이웃끼리 인사 나누며 사는

옛분들 즐기시던 미풍양속
신식 아파트에 살아도
구식으로 인사하며 사는 법
배웠으면 싶다

탄천 산책

앞에는 청계산
뒤에는 영장산
두 산허리 감고 탄천은 흘러가는데
오리 몇 마리 한가롭게 노닐고
다리 밑 잉어떼 약올리듯 낚시꾼 유혹 한다

개천가 돌붙임 언덕 위엔
붉은 줄장미 걸려 있고
곁엔 울타리 치듯 개나리 줄지어 서 있다

하늘 높이 나는 노고지리
꽃가지 높이 삼아 낮게 나는 나비떼
봄은 계절로 익어가고 있다

지팡이에 의지해 어슬렁어슬렁
상춘 흉내하며 걸어가는데
다리밑 놀러 나온 한 늙은이 손짓이 있어 끌려가니
건네는 커피 한 잔
봄이라도 탔는지 맛이 일품이다

느린 발걸음으로 골라 딛는 귀가길
분진 뿜으며 다리 위를 질주하는
역겨운 자동차 소음이 상춘의 꿈을 뭉개고 간다

남한산성

성머리 기왓장에
독새풀이 성글다

담쟁이 잎
성벽을 기어오르고

쑥국새 울음으로
팽팽히 부풀어 오른 적요
청솔 앞에 찔려 터진다

병자굴욕 아는지 모르는지
세월로 왔다 세월로 가는 탄천
묵묵히 허리 틀어 흐르고

숨죽인 역사의 숨결만
한숨처럼 들린다

애처로운 선풍기

여름이면
가보 제 1호
선풍기

에어컨은
그림의 떡이다

손님 오시면
신명이라도 난 듯
멈출 줄 모르는 도리질로 반기고

손님 일어서면
발목잡고 놓아주지 않는

가보 제 1호
선풍기

태풍

남쪽 하늘 멀리
먹구름 일면
끔찍한 태풍을 떠올리게 한다

힘없는 농사꾼이 할 수 있는
비나이다
하나님께 비나이다

세금 잘 내고 죄 없이 사는
성실한 농촌은 피하시고
거짓과 속임수로 출세하는 무리
싹쓸이 하시고
진실과 정의가 살아 숨쉬는
풍요로운 세상 되게 하소서

하늘을 통째로 삼킨 먹구름
몰려오고
바보상자는 태풍 뉴스를 토해낸다

한택 꽃공원

곰돌이 배낭 메고
올레길
둘러보다

방울꽃 긴 날개
눈 속에 담아 배낭에 담고
물 건너온 이름 모를
식물도 담고

소년적
젊은 생각은 멀리 있고
꽃공원 소풍길은 가까이 있네

로카마을 십자가

유러시아를 통치했던
십자군
방대한 영역이 살아있는
포르투갈 로카마을

아무나 머물러 있는
서쪽, 땅끝 가리키는
님의 표적

성서의 도우미로
이정표로 서 있는
나무십자군

거미왕국

은빛 자재 뽑아
팔각기둥을 세우고
뒷다리로 꾹꾹 눌러

허공에 걸쳐 띄운 왕거미집
큰 덩치 먹잇감이
거미집을 찢어 놓기만 하고

진리만이 숨쉴 수 있는
아름다운 공간을 사랑할줄 알아야지
고개 숙인 조문객, 있어서야…

수중궁궐

무게 실은 님의 말씀
갈대로 묶어
두껍고 폭 넓은 울타리 쳐
망초 키운 궁성

바람맞은 그물망 되어
허튼소리 바른소리
뭉침과 해체와
신선 사는 이야기
세상 구경 나와 왈츠로 돌아간다

목련

허공에
집 지을 수 없는데
봄바람 가지 스치면

매듭 맺어 두었던
자리 열어
웃는 기품

속눈썹 내렸다 올리는 순간
만개해
눈빛 모아가는 도도의
흰빛 자만

동백꽃

명창 이미자가 부른
동백아가씨 감상하면
절절한 음향이 가슴엔 듯 감겨온다

옛 선비들 좋다고들
설중매 시로 읊었지만
나는 동백꽃이 제일 좋다

빨간 꽃망울은
어린아이 볼짝 같고
활짝 핀 꽃송이는
정열의 여인같이 아름다워

아침마다 반겨 웃는
붉은 입술에 뽀뽀하고
저녁이면 부끄러워 감춘 얼굴
머리 쓰다듬어 주었던
기분 우울할 때면
미수 자랑하며 위로해 주었던 꽃

옆에 두고
봄마다 분 갈아 영양주사 꽂아놓고
만개할 새봄을 기다리며
30년을 한결같이
사랑으로 피고지던 동백꽃

장손아 다음날 내 산소 옆에
동백나무 한그루 심어다오
피고지고 지고피는
연자홍 붉은 얼굴
벗하며 청명에 살게

추모사

– 외형 백일 탈상에 붙여

중학에서
대학까지
장학금으로 졸업한 수재

초등교사
중·고등교사 거쳐
대학교수까지 실력 있는 교육자

내가 존경하고 따랐던 외형
안빈낙도(安貧樂道)의 선비였던 형
백수풍신(白首風神)의 군자(君子)였던 형
이제는 무상계(無常界)에서 쉬고 있는 형

형님! 소리쳐도
산울림만 되돌아온다
머지않아 만나면 할 이야기가 많겠지

애도사

\- 처제 타계를 슬퍼하면서

아내의 네 살 아래인 처제
조상 내력 잘 알고 재담 잘하던 처제
언니가 뇌종양이란 병원 오진으로 언니 안고 밤새
울던 처제
외아들 대학교수의 효성도 아랑곳없이 타계한 처제
인명은 재천이라지만 언니보다 앞선 처제
지금은 공원묘지 꽃동산에서 쉬고 있는 처제
머지않아 자매상봉 때는 웃음바다 이룰 거야

하회탈

각양각색 탈 속에 감추어진
인간미와 한마당 극을 펼쳐
한과 설움덩이를 털어내는
초점은 미지수다

한삼 치켜 올렸다 꺾는
춤사위 끝에 노련한
일상의 수련이 배어있는
탈 속 인물들 회한

다그쳤다 달랬다
울렸다 웃겼다
권좌와 천민의 우격다짐에
관객 입들은 귀에 걸리어도

안방마님은
낮은 백성들의 해학 따윈
눈엣가시라고 귓등에 묻고
잣대 들이대다가

상투꼭대기 가린 망건도
웃고 웃는
마당 밖 놀음놀이에
두 귀 쫑긋 세우고
통쾌하게 웃더라

통일 염원

힘없이 말 한마디 못하고
3·8선으로 허리가 꺾여버린

너는 너
나는 나
등 돌리고 살아온 반세기
한 핏줄의 생사도 모르는
피 토할 서러움

갖은 노력 다하여
이산가족 상봉, 금강산 관광, 개성공단
물꼬는 텄으나 툭 하면
시비의 둑쌓기 즐기는 북쪽

이산가족 상봉 광경 보면
백발노인 만나
말 한마디 제대로 못하고
울음으로 만나
울어도울어도 마르지 않는 피눈물로 헤어지는 비통함

이제라도 늦지 않으리니
우리도 독일처럼 민족혼 되찾아
너와 나는 우리가 되어
북쪽의 지하자원과 노동력
남쪽의 자본과 기술 인력으로
경제부흥 일으킬 수 있을 것을

삼천리강토에
무궁화꽃 만발하게 하고
독도에서 목젖이
찢어지도록 만세 부르며
얄미운 일본 뺨치고
국제무대의
코리아 외칠 수 있을 것을

통일의 메아리

3·8선으로 허리 잘린지
어언 반세기

남과 북은
한 핏줄
너와 내가 아닌
한 민족 한 형제인데

3·8 이북과 이남으로
분단의 아픔만
메아리로 감겼다 풀리는
별리의 한

호숫가에서

갈대꽃잎 은비늘로
호숫가에 떨어져
파도 일으키고
바람 따라 떠도는 단풍잎
바람 되어
꽃동산 이루는구나

잔디밭 텐트에 둘러앉아
로스쿨(Low School)에 입학한
장손 껴안고
며느리 정성어린 도시락 열어
안주 챙기고
가득 채운 맥주잔 부딪쳐 축하 건배하며
할머니도 더덩실 춤 추고
모든 일 형통하여 웃음꽃 피우나니

여기가 우리 가족 파라다이스인 것을

제3부

제주도 시편

제주도 · 1

바다 속 이만 리
용광로가 끓다 밀어올린
남쪽 땅덩이

잿더미 속처럼 검은 흙
크고작은 분화구와
풍화작용이 빚은
구멍 뚫린 현무암

한 그루만 있어도
대학 학자금 되었던
50년대의 돈나무였던
밀감나무

바람 · 돌 · 여자가 많아
"삼다도"
우리의 섬 중의 큰 섬

제주도·2

– 백록담

눈 위에 발자국 찍으며
푸른 연못에 목을 축이는
흰 사슴

아직은
새 풀의 먹잇감 없으니
적막함만 맴돌 뿐

봄을 기다리는
발 시린 발걸음만
눈 위에 봄으로 가는 발자국으로 찍힌다

제주도 · 3

– 추사 김정희 유배지

푸른 바다 먼 뱃길
성낸 물결 박차며 스승의 유배지
풍선으로 찾아간 탐라국

모슬포항
대정읍 적거지에서
탄생한 "삼우도"

이 시대에도
그렇게 진한 스승의 은혜와
진한 충정과
진한 존경이
존재할 수 있을까…

제주도 · 4

– 용머리

해룡이라도 뭍에 올랐다
돌아가지 못하고
머리만 남아 있는 것일까

뭍에의 그리움이
용머리로 굳어버린 것일까

바다 뒤로한 채
먼 한라바라기로 치켜 세운
용머리

필시 승천에의 꿈으로
굳어버렸음이리라

제주도 · 5

– 만장굴

거대한 화룡이
불을 뿜으며 기어가다
그대로 굳어버린
석순마다 용비늘 돋아나는
만장굴

굴을 빠져나가지 못한
서린 한만
뚝뚝 눈물로 떨어뜨리는
지금은 화룡 아닌
회색용으로 굳어버린
만장굴

제주도 · 6

– 산방산

바위는
산 둘레를 감아돌며
산을 섬으로 띄우고

업었다
내려 놓았다
장난감 놀이듯 즐기는
파도타기인데

산방산은
외딴 섬으로 떠서
한라 향해 머리 조아린다

제주도 · 7

- 식물원(한림원)

1백여 종의
희귀품종을 품어 키우는
식물원

작은 요정들이 찾아와
나비가 되고
꽃이 되어

내일을 설계하여
미래를 열어갈
날개를 폈다 접고
접었다 펴고

제주도 · 8

– 만덕할매

비록 허리엔 치마를 둘렀지만
남자를 능가했던 여걸
만덕할매

일찍이 직업 귀천 넘어설 줄 알았던
젊은 여인의 지혜는
옳은 신용상거래로
만석꾼의 신화 이루었고

호시탐탐 넘보는
왜구의 침략과 춘궁기에는
창고 열어 가난을 물리쳤던
백성 구한
제주도 여장군
만덕할매

춘궁기엔
나랏님도
백성 못 구한다 했는데

백성을 구제한 공으로
나랏님 "진사" 벼슬을 내렸으니
"만덕" 이름값 한 셈 아니던가

만 가지 지닌 덕
어찌 하늘인들 외면했겠는가
나랏님도
하늘 뜻 좇았음이거니

해녀(海女)

물이 고향인
해녀

고향 마음 뒤에 하고
뭍을 그리는 날은
먼 수평으로
백조 하나 날려 보냈다

해수보다 달콤한
뭍 그리는 향수

소라 껍질 대신
휘파람으로 날려 보내본다

국정개혁

어제와는 다른
오늘

오늘보다 더 나은
내일 창조

과거를 반성하고
현실을 직시하며
설계하는 것

미래가 없는
개혁은 거꾸로 가는 것
말장난 그만두고

피부에 와 닿는
개혁이 개혁

젊은 날의 초상

자연은
정직한 대지 위에
초록을 입히는데

미수를
문턱 앞에 세우고
젊은 날들을 명상으로 즐긴다

제주개발 특별건설 국장시절
경제개발 5개년
깃발 높이던 무렵

담화문에서
"국제적 관광도시를 건설하는 우리는
대지를 조각하는 예술인이자 장인이다"라고 외치
며

"한라산"을 오르내리며 등산로를 닦고
등산로를 닦으며
문화재 관리점검을 위해
제주섬을 일주하면서 관광도로 보수했고

항만시설의 정비를 감독하면서
활기찼던 그때가
내 인생의 정상이었다

제4부

풍시조편

50년대 정치판

금배지만 달면 정치자금 조성이란 명분 내세워
겁도 없고 법도 없이 관청공사 수주하여 동생회사, 사위회사
아들회사 만들어 자금조성, 팍팍 당비 많이 내고 안하무인격

60년대 정치판

권력이 돈 낳고, 돈이 권력 낳는 한 세상, 60년대 들어
질서 잡고 정·경 유착 고리 끊는다고 외치더니
돈 없이는 정치 어려운지 용두사미

70년대 정치판

큰 기업 짜 헌성금이란 걸 받아 정치자금 조성
외교안보와 기술인력 양성에 힘쓰더니
70년대 들어서 사심 없는 정치평가로 목에 힘줘

80년대 정치판

80년대 들어 재미본 헌성금 배로 늘려 잘한 정치 흉내는 냈으나
사심이 동하여 지도자는 옥살이를, 청백리상받는 면장은 선망대상
예의 · 염치 목숨처럼 소중히 여기는 아쉬워라 선비정신

한단지몽을

권력 한손에 넣어 백성 주무르던 고옥건령
권불 10년 권력 떨어지니
어쩐다 덧없음의 한단지몽을

※ 고옥건령(高屋建瓴) : 높은 지붕에 물항아리를 올려놓고 항아리를 기울임과 같이 세력이 성함을 이르는 말.

※ 한단지몽(邯鄲之夢) : 인생 영화의 덧없고 허무함을 이르는 말.

했던가

권력 좋아하는 자 권력에 망하듯
권력 끈잡고 급성장하던 기업 끈떨어지니 낙동강 오리알 신세
예술은 길고 인생은 짧다 했던가, 권력은 짧고 기업은 길다고 했던가

덕 중히 여겨야 하는 것을

돈이면 다 된다는 기업주 패가망신
야음타 해외 줄행랑에 체면도 망신
망신 면하려면 돈보다 덕 중히 여겨야 하는 것을

손금 · 1

'손금이 없어야 출세한단다' 60년대 공직사회 유행어
윗사람 말이면 옳고 그른 것 가릴 것 없이 예스맨되어야 출세
한세상 주름잡던 인물 살펴보면 빈말 아니로다

손금 · 2

정도 위하여 꿋꿋하게 산 사람 몇몇이던고
왕조시대의 간신은 손금이 없었을거야
왕조시대의 충신은 손금이 컸을거야

골동품 여인상 · 1

반가규수는 시집가면 출가외인 현모양처 삼종지도팔자가 팔자
약혼만 하면 신랑이 죽어도 시집가야 하는 팔자
반가의 무뚝뚝한 여자 그래서 나온 한때의 유행어

골동품 여인상 · 2

세계에서 가장 좋은 여자는 애교 있는 일본여자
국내에서 가장 좋은 여자는 기호여자
서양집에서 일본여자와 청요리 먹고 사는 남자 상팔자

※ 기호여자 : 경기도, 호남 여자.

어느 여의 금배지

정말 바쁘구나, 나라 위한 충성심인가
정말 용감하구나, 멱살 잡고 고함까지 백성 위한
자기네 밥그릇 싸움 세비 떼먹는 도로보

사람답게 살자 · 1

사람이면 다 사람이야 사람의 도리를 해야지만 사람이지
도덕성을 가지고 대도와 정도를 합리적으로 사는 것
컴컴한 골목에서 함부로 사는 사람 쇠고랑차기 일쑤

사람답게 살자 · 2

모든 일은 사람이 하는 것
개인이든 기업이든 사람의 능력에 따라 흥망성쇠 일어난다
나랏일도 마찬가지지

숫자의 요술·1

1+1=2는 보통 사람의 정답

정상배의 산술은 다르단다 50년대 사사오입의 헌법개정

부정선거의 숫자 요술

숫자의 요술 · 2

1+1=2 고지식한 사람이라고 천대도 되고 3도 되는
사람은 융통성 있다고 예우
숫자는 요술쟁이, 경제성장 물가지수 숫자도 그럴 때 있었지

제5부

시집 평설

■ 시집 평설

넋두리와 언술의 시적 진실

박진환
(시인 · 문학평론가)

1. 전제

주작부언(做作浮言)이란 말이 있다. 터무니없는 말을 지어 낸다는 뜻으로 거짓말을 두고 하는 말이다. 거짓말이란 사실이 아니란 것을 알고 있으면서, 이것을 남에게 믿게 하려고 사실인 것처럼 꾸며서 하는, 남을 속이는 말이다.

사실이 아닌 것을 사실처럼 믿게 하기 위해서 꾸민 말에는 거짓말 말고도 여러 가지가 있다. 속이기 위한 거짓말을 비롯, 거짓으로 꾸밈으로써 사실로는 드러낼 수 없는 것을 드러내는 꾸밈 말, 꾸밈으로써 사실에서는 체험할 수 없는 감동을 체험하게 하는 꾸밈 말 등이 그러하다.

이를 두고 과학 쪽에서는 간언이니 양언이니, 허언으로 진실의 왜곡이나 날조쯤으로 배타적이지만 예술 쪽에서는 진실이 아니면서 진실에 값하는 허위의 진술이란 레토릭으로 즐겨 원용하고 있다. 이른 바 시에서의 역설이나 아이러니, 비유나 상징 등이 그러하다.

역설이나 아이러니, 비유나 상징 등은 시의 대표적인 레토릭으로서 의도적이고도 계산된 지적 조작의 언어 경영에서만 가능한 고도의 언술에 해당된다. 언술이란 언어를 다루는 기술이나 솜씨쯤이 된다. 언어를 다루는 기술은 말을 꾸며 보다 아름답고 정연하게 하는 레토릭이다. 시에서 말하는 의사진술이나 환정적 진술은 이를 두고 하는 말이다.

각기 표현은 달라도 같은 것은 거짓으로 꾸민다는데 귀결된다. 참말을 두고 왜 거짓으로 꾸미느냐?가 제기될 수 있는데 시는 정서나 관념의 유희가 아닌 일종의 의도되고 기도된 제작술에 의해 씌어지기 때문이다. 정서나 관념이 아닌 지적 조작에 의해 재구성 된다는 뜻으로서 시도 언어를 재료로 하여 꾸며서 만든다는 뜻이다. 현대시를 두고 현대적 기획이란 말을 쓰는 것은 이 때문이다.

마치 기계나 가구, 또는 미술품 등을 여러 재료를 가지고 만들어내는 것과 같이 시도 언어를 재료로 하여 그것이 정서였건, 관념이었건, 사물이었건 새로움으로 태어나게 하기 위해 기술을 가미, 제작한다는 뜻과 같은 이치다.

이 제작술로서의 기술이 다름 아닌 거짓말이다. 참말보다 더 감동적인 것을 만들어 내기 위해서는 꾸미지 않고는 불가능하기 때문이다. 그래서 참말로는 드러낼 수 없는 것을 드러내는 꾸밈, 꾸밈으로써 참말에서는 체험할 수 없는 감동을 체험하게 하는 꾸밈이 과학적 진술에 대응되는 의사진술, 곧 시가 된다.

이런 소의로 해서 시는 거짓말 하는 특권을 가진다고 선인들은 말했고, 후대의 시인들도 거짓말로 꾸밈으로써 참말에서는 체험할 수 없는 감동을 시로써 제공할 수 있었던 셈이 된다.

전경우 시인의 시선집 『미수의 넋두리』는 전제한 거짓말과 무관하지 않다고 본다. 그것은 '미수의 넋두리'가 불평이나 불만을 늘어놓으며 하소연하는 본디의 뜻을 왜곡·날조·위장·은폐하고 있기 때문이다. 그것은 '넋두리'가 불평·불만의 하소연이 아닌 화자 자신의 내면적 진실을 진술하게 나타내 주고 있다는데 근거한다. 일종의 의도되고 기획된 제작으로서의 레토릭에 지적 조작의 진실을 의탁하고 있다는 뜻으로서 '넋두리'가 곧 '거짓 꾸밈'이었다는 등식과 같게 된다.

시를 제시, 구체화 했을 때 시선집 『미수의 넋두리』는 그 본태랄까, 진실을 드러낼 것으로 본다.

2. 『미수의 넋두리』 들여다 보기

전경우 시인의 시선집 『미수의 넋두리』에는 첫 시집 『꽃등 켜는 고목』에서 자선한 시편과 첫 시집 이후에 쓴 시편들을 한데 묶어낸 시집이다. 4부에 나누어 총 77편의 시를 싣고 있는 시선집은 여러 시역을 제시해 주고 있다. 제1부 「미수의 넋두리」가 보여주고 있는 노 시인의 심회에 의탁한 가통·혈통을 통한 자전적 인륜의식이 그러하고, 제2부 「삶의 칠복」이 보여주는 삶·행복·인생·돈·운명·술 등에 얽힌 생활주변에서 이끌어 올린 생체험적 진술이 또한 그러하다.

그런가 하면 제3부 「제주도 시편」에서는 평생을 공직에 몸담았던 제주에서의 삶인 젊은 날의 초상을 떠올리는 생생한 현장성을 회상에 오버랩시키는 회고적 정신풍경이 그러하고, 특히 제4부 「풍시조」편이 보여주는 시대·현실·정치·경제 등을 전문인적 안목으로 조감해내는 풍계(諷戒)적 질타에는 고개가 끄덕여진다.

시선집 『미수의 넋두리』가 지니고 있는 시역은 이러하거니와 이 네 시역을 시를 통해 조명해 보기로 한다.

2-1 넋두리 아닌 넋두리

일찍이 임어당(林語堂)은 시인이 말하는 것은 인간에 관한 것이다. 시인은 인간의 고통·상심·동경을 이야기한다. 다시 말하면 마음속으로부터 자기 자신을 이야기하고 있는 것이다라고 피력한 적이 있다.

이 진술에서 간과할 수 없는 것은 인간의 고통이나 상심, 그리고 동경 등 정신적이고도 내면적인 것들이다. 그 때문에 마음속으로부터의 자기 자신에 대한 진술, 곧 자신의 내면 풍경이거나, 자전적 진술일 수도 있게 된다.

전 경우 시인의 경우도 예외는 아닌 것 같다. 그것은 '미수의 넋두리'가 단순한 88세를 맞은 고령의 불평이나 불만 등의 하소연과 같은 허튼 수작이 아니라 이와는 달리 시인 자신의 내면적 진실을 진솔하게 표출해 주고 있기 때문이다. 다만 이를 역설적이고도 아이러니컬하게 위장, 은폐함으로써 지적 조작으로서의 꾸밈을 통해 위장하고자 했던 것이 넋두리였기 때문이다. 몇 편의 시를 제시했을 때 이 점 극명해질 것으로 본다.

가) 엄마 따라
뽕밭에서
오디 따먹고

뒷산 기슭에서
산딸기 따먹다가

뱀에 놀라 줄행랑

앞산 깊은 곳에서
꿩알 주워다
삶아먹고

제수용 대추나무
장대로 때려
대추 따먹다가 장대 매맞고

늙으면 어린애가 된다더니
미수의 넋두리가
이러하구나

나) 1
대구시내 중고등부
정구대회에서
우승하고

뒤따르는 전교생 선두에 서서
우승기 휘날리며
시가행진했던 용맹한 청춘

그립다

2

옛날 서울대학교 잔디밭에서
책가방 베고 누워 푸른 하늘 쳐다보며
꿈꾸었던 포부
이제는 백발 되어 쓸모없으니
꿈에서나마 옹알이로 굴려보는
청춘을 돌려다오

지금은 넋두리가 되어버린
미수

예시 가)는 초당시절이란 부제가 붙은 「미수의 넋두리 · 1」의 전문이고, 나)는 청춘을 돌려다오란 부제가 붙은 「미수의 넋두리 · 4」의 전문이다.

예시 가)에서 읽을 수 있는 것은 유년시절의 회고성이, 나)에서는 중 · 고 · 대학시절의 꿈 많던 젊은 시절을 회고하는 회상성이 짙은 시편들이다. 과거를 회상하면서 해보는 넋두리는 분명 두 측면의 정신적 내면 풍경으로 읽어줄 수 있다고 본다. 하나는 먼 옛날이 환기시켜 주는 그리움이거나 행복했던 시절에의 동경, 그리고 다른 하나는 그것이 그리움이거나 행복한 동경이거나 기쁨이 되어 준다는 점이다. 일찍이 괴테가 지적했던 옛일을 회상하면 슬퍼지지만 역시 회상하는 것은 기쁜 일이다와 같은 맥락성을 지니는 회상으로 보아줄 수 있다. 그리고 이러한 슬픔과 행복으로서의 회상을 짐짓 '미수의 넋두리가 이러하구나'와 '지금은 넋두리가 되어버린/미수'로 역설적 처리로 회상성 그리움과 행복을 위장했던 것으로 보아줄 수 있게 한다. 그리고 이러한 위장은 거짓이 아니라 참으로는 드러낼 수 없는 것을 드러내는 허위의 진술로서 거짓이 곧 진실에 값하는 등가성을 획득함으로써 진실에 값하게 된다. 그리고 시는 이러한 효용에 의해 설득력을 획득할 수 있는 언술이거나 수작이게 된다.

1부 시편에서 또 한 가지 간과할 수 없는 것이 혈통·가통의식이다. 혈통과 가통은 고도를 좇는 유교적 전통의식이자 군자적 도의 지향이다. 시 「아버님 묘소」, 「어머니」, 「어버이날」, 「며느리 전화」, 「손」, 「손자」와 같은 시편들은 혈통의식에서, 선조의 얼이 숨 쉬고 있는 「야옹정」이나 「구산서당」, 그리고 「고석바위에 앉아서」와 같은 시편들은 전통가문의 가통의식에서 발상된 것들로 받아들이게 한다. 역시 몇 편의 시를 예시해 본다.

가) 음력 윤달이면

택일 없이 선친의 묘를 보수하는 날

앞산의 큰 솔은 독이 찬 듯 청청(靑靑)하고
날씨는 구름 없이 청청(晴晴) 일하기 좋은 날
지팡이에 기대며 가까스로 언덕을 올라
묘 앞에 무릎 꿇어 임종 못한 죄 빌어 보지만
묵묵부답
맺힌 눈 들어 하늘을 올려다보니
비석만 우뚝 서 있고
한 세상 문장명필로 살다 가신 혼
잠들어 계시는데
서투른 마음의 붓끝 놀려
불효를 담아 본다

나) 거북등
고석바위 등에 하고
언덕 높이 닦아 세운 학당
구산서당

뒤에는
장엄한 천년바위
앞에는 솔내 풍기는
우거진 노송

많은 선비 길러내
문중과 가문 빛냈던
지금은
잠자는 흔적 위에

신풍 따라 유학 떠난
야옹공 후손들이 세운 세적비만
우뚝 서 있네

예시 가)는 「아버님 묘소」, 나는 「구산서당」의 각각 전문이다. 예시 가)는 선친의 묘역을 보수하는 날 묘소를 찾았다가 평생 지니고 살아온 불효를 형상화한 시다. 조상숭배가 돈독하면 할수록 수반되는 것이 불효의식이다. 지팡이에 몸을 의지한 채 졸수를 앞에 하고도 지워버리지 못한 불효는 분명 지극한 조상숭배에서만 수반되는 일종의 정신 덕목이다. 효만이 선이 되고 불효는 악이 되는 선악의 개념은 혈통의식에선 불효가 선에 선행하는 정신 덕목으로 작용할 수도 있게 된다. 불효가 바로 효를 일깨워 경모로 이어지는 혈통의 통로가 되어주기 때문이다.

예시 나)의 「구산서당」은 선조들이 세운 '야옹정'과 함께 많은 유생들을 배출해낸 서당이자 서원이다. 시행에 의하면, '많은 선비를 길러내/문중과 가문을 빛낸', 그리하여 후손들이 세적비를 세워 그 업적을 그리고 있는 가통을 이어온 구심점이 되어주기도 한 서당이다.

해석이야 어쨌건, 예시들은 혈통과 가통에서 발상된 유가적 고도를 말해주고 있어 시인의 내면 풍경으로서의 이야기, 곧 자신의 마음속 이야기의 형상화였다고 할 수 있다.

2-2 삶의 칠복과 행복한 공간으로서의 가정

제2부 「삶의 칠복」 에는 행복한 공간으로서의 가정을 중심으로 발상된 시편들이 중심자리에 놓여지고 있다. 일찍이 자사(子思)가 말했던 만복의 근원으로서의 가정이나 바슐라르가 지적했던 방어되고 소유되는 공간으로서의 가정쯤이 발상의 근저가 되어주고 있다. 몇 편의 시를 제시했을 때 이해를 도울 것으로 본다.

가) 그때까지만 해도 대가 집안 규수
처로 맞이하면 반혼이라고
칭송이 자자했다

신식과 구식이 어우러져
알콩달콩 체온 나누며 사는 것이
선친들에게 효도하는 것으로 알고 살았다

아내가 지켜준 내당은 늘 온기로 가득차 있었고
해마다 돌아오는 기제사에 시부모님 모시고
종부로 효심을 다해 일생을 살아온 이름
아내였다

마디마디에 오이 달리듯 달려
자식들 재롱으로 웃음꽃 피운 것도
이마의 주름 펴주는 아내의 덕이었다

나) 잘난 사람 못난 사람
어우러 사는 것이 세상살이
허나 옳고 그른 것쯤
알고 살아야지

대인은
좋은 지혜 좋은 곳에 쓰고
소인은 좋은 지혜
나쁜 곳에 쓴다 했던가

덕성 없는 소인처럼
꾀부려 무덤 파지 말고
유비군자(有斐君子) 덕목삼아

대인으로 살아야지

예시 가)는 처라는 부재가 붙어 있는 「삶의 칠복·1」의 전문이고, 나)는 「인생살이」의 전문이다.

시에 의하면 삶의 칠복은 '처', '건강', '재물', '자식', '직업', '일거리', '벗' 등으로 되어 있다. 이 중 '처'는 거안제미(擧案齊眉)랄까, 백년해로하고 있으니 복됨이요, '건강'은 미수에도 활동하고 있으니 타고난 복이요, '재물'은 축재 없이도 평안한 삶을 누리고 있으니 복이요, '자식'은 손주까지 자랑할 만하니 자식 복이 있음이요, '직업'은 고위 관직을 겸했으니 관복 또한 있음이요, '일거리'는 노경에 시를 쓸 수 있으니 문복이 있음이고, '벗'은 더러는 갔으나 남은 벗들 만나고 사니 칠복을 다 지녔음이 됨이다.

예시 가)에서의 '알콩달콩 체온 나누며' 사는 삶이나 '선친들에게 효도하는 것'이나, '종부 효심' 다하고 '이마의 주름 펴주는' 아내면 현처양모로서의 필생의 반려였으니 처복이 있음이고 이는 가정을 '온기로 가득차'게 했음이니 따뜻하고 행복한 공간으로서의 가정, 만복의 근원으로서의 안주인임을 알게 해준다. 그리고 칠복 중 첫 번째 복으로 '처'를 앞세운 것은 이를 말해준다고 할 수 있다.

예시 나)는 유비군자의 덕목을 기둥 삼고 사는 대인군자지도를 좇는 삶을 제시하고 있다. 군자지풍이라 했던가, 인현군

자라 했던가, 군자의 도를 좇아 소인배의 삶을 극복하고 지양하는 삶을 '인생살이'로 제시하고 있는 화자의 정신적 행보를 보는 것 같다.

행복한 가정과 군자의 도를 좇는 인생살이의 복됨과 삶다운 삶의 제시는 행복한 삶과 삶다운 삶을 삶답게 살아가는 군자불기(君子不器)란 논어의 한 구를 떠올리게 한다.

2-3 제주시편

제3부「제주시편」은 화자가 제주개발 특별건설국장 시절, 보고, 듣고, 느끼고 생각한 것들과 제주의 메인 이미지들을 골라 형상으로 재구성해주고 있는데 꾸밈의 솜씨가 돋보인다. 달리 꾸며 변용해낸 레토릭에 충실하고자 했다는 뜻인데 이 점 또한 이번 시집에서 간과할 수 없는 부분으로 여겨진다. 시를 제시해 본다.

가) 1백여 종의
희귀품종을 품어 키우는
식물원

작은 요정들이 찾아와
나비가 되고
꽃이 되어

내일을 설계하여
미래를 열어갈
날개를 폈다 접고
접었다 펴고

나) 제주개발 특별건설 국장시절
경제개발 5개년
깃발 높이던 무렵

담화문에서
"국제적 관광도시를 건설하는 우리는
대지를 조각하는 예술인이자 장인이다"라고 외치며

"한라산"을 오르내리며 등산로를 닦고
등산로를 닦으며
문화재 관리점검을 위해
제주섬을 일주하면서 관광도로 보수했고

항만시설의 정비를 감독하며
활기찼던 그때가
내 인생의 정상이었다

예시 가)는 식물원이라는 부재가 붙어 있는 「제주도 · 7」의 전문이고, 나)는 일부가 생략된 「젊은 날의 초상」 이다. 경제개발 5개년 계획의 깃발을 높이 들었던 시절 제주개발 특별건설국장으로 재임하면서 틈틈이 나들이한 제주의 명소들을 시로써 재구성한 제주시편 11편이다. 그 중 예시 가)는 100여 종의 식물들을 가꾸고 있는 식물을 견학온 어린 학생들의 발랄한 모습을 발상으로 해서 재구성해본 시다. 견학생들을 작은 요정으로 변용, 나비로 설정해 놓고 나비들이 꽃이고 꽃이 나비가 된 꽃과 나비의 동일성으로 이동했다가, 다시 내일의 미래를 열어갈 비상의 날개를 '폈다', '접고', '접었다', '펴게' 함으로써 비상의 역동 이미지로 재구성 해주고 있는데 변용의 솜씨가 살만하다.

예시 나)는 제주개발의 기치를 들고 건설 책임자로 현장에서 활약했던 당시를 회상하며 '한라산 등산로 닦기', '문화재 관리 점검을 위해 관광도로 보수', '항만시설 정비 감독' 등의 활약을 '내 인생의 정상'이라고 할만큼 제주에서의 삶은 시인의 인생도정의 한 획이자 보람이었던 것으로 읽어줄 수 있게 한다. 그리고 이러한 보람과 함께 칠복의 하나인 일거리, 곧 시를 쓸 수 있고 시로써 제주를 형상미학으로 재구성한 시적 성과도 높이 사줄만 하다고 본다.

끝으로 제4부 「풍시조」 편은 시인이 책머리글에서 고백적으로 진술한 "앞으로 기력이 있는 한 조선문학문인회 회원으로서의 자부심과 긍지를 갖고 풍시조를 써봤으면 하는 욕심에 기대해보기로 하고 후일로 언급을 미뤘으면 싶다.

3. 결어

전 경우 시인의 시선집 『미수의 넋두리』를 일별, 조명해본 셈이다. 조명의 결과는 첫째 '넋두리'가 단순한 푸념 차원의 하소연이 아닌 시인 자신의 내면의 이야기였다는 점과 이를 의도적으로 왜곡·날조·은폐함으로써 언술에 충실했다는 점을 지적할 수 있을 것 같다.

둘째는 혈통·가통의 맥락 의식과 발상으로 재구성한 시작업의 실현, 셋째 가정이란 행복한 공간의 시적 형상화, 그리고 제주시편이 보여준 변용의 솜씨 등이 이번 시선집 『미수의 넋두리』로 거둔 시적 성과로 지적할 수 있을 것으로 본다.

끝으로 한마디를 곁들인다면 정신일도하사불성(精神一到何事不成)을 실천했다고나 할까, 어떻든 노익장에 박수를 보낸다.

•

전경우 시인은 경북 봉화에서 출생하였다. 서울대학교 법과대학 및 행정대학원을 졸업하였다(행정학 석사). 고등전형고시 합격 후 서울시 과장, 서울시립대학 공법교수, 건설공무원 교육원 교수부장, 대전지방 국토관리청장, 국립지리원장(차관급) 등을 역임하였다. 전국부동산중개협회 사무총장, (사)대한부동산학회 고문, 민주평화통일 자문회의 상임위원, 경기도시군협의회 회장단 회장(지사급), (사)전씨 중앙종친회 회장을 역임하였으며 현재 고문이다. 상훈 녹조소성훈장 국민훈장 모란장을 수훈하였다. (사)전씨 종친회 종장. 『조선문학』에 시가 당선되어 문단에 데뷔하였으며, 시집에 『꽃등 켜는 고목』, 『미수의 넋두리』가 있고, 저서에 『지방자치법 해설』 및 행정관련 논문 다수가 있다.

•

미수의 넋두리

2014년 8월 30일 인쇄
2014년 9월 10일 발행

지은이 / 전경우
발행인 / 박진환
펴낸곳 / 조선문학사
등록번호 / 1-2733
주소 / 120-853 서울 서대문구 통일로 389(홍제동)
대표전화 / 02-730-2255
팩스 / 02-723-9373

ISBN 978-89-98115-86-9

정가 10,000원